Peatón de tempestad

TRÁNSITO DE FUEGO
Colección de poesía
Homenaje a Eunice Odio

Homage to Eunice Odio
Poetry Collection
FIRE´S JOURNEY

Carlos Gustavo Vargas

PEATÓN DE TEMPESTAD

Nueva York Poetry Press

Nueva York Poetry Press LLC
128 Madison Avenue, Office 2RN
New York, NY 10016, USA
Telephone number: +1(929)354-7778
nuevayork.poetrypress@gmail.com
www.nuevayorkpoetrypress.com

Peatón de tempestad
© 2023 Carlos Gustavo Vargas

ISBN-13: 978-1-958001-96-7

© *Poetry Collection*
Fire's Journey 21
(Homage to Eunice Odio)

© Publisher/Editor-in-Chief:
Marisa Russo

© Editor, Blurb & Cover Designer:
William Velásquez Vásquez

© Layout Designer:
Agustina Andrade

© Interior Photographer:
Luis Rodríguez Romero

© Cover Photographer:
Author

Vargas, Carlos Gustavo
Peatón de tempestad / Carlos Gustavo Vargas. 1ª ed. New York: Nueva York Poetry Press, 2023, 104 pp. 5.25" x 8".

1. Costa Rican Poetry 2. Central American Poetry. 3. Latino American Poetry

All rights reserved. No part of this publication may be reproduced, distributed, or transmitted in any form or by any means, including photocopying, recording, or other electronic or mechanical methods, without the prior written permission of the publisher, except in the case of brief quotations emboied in critical reviews and certain other non commercial uses permitted by copyright law. For permissions contact the publisher at: nuevayork.poetrypress@gmail.com.

A mi padre, genuino ser de luz.
In memoriam.

*He permanecido quieto durante el temporal
y ahora la realidad se abre.*

ROBERTO BOLAÑO

I

Uno con la lluvia

Arpegios nostálgicos del invierno acompañan esta espera. Son un soplo que desordena la diminuta estación de la impaciencia y sacude el apagado cardumen de los que viajan sin rumbo. La calle que abrigó mi infancia va lavándose con la lluvia que arruga mis manos. No hay forma de detener el temporal que pronostica la memoria. A estas alturas no hay advertencia que valga. Ya somos la tonada húmeda repicando con insistencia una puerta cerrada para siempre.

La calle, un poema en construcción

Al inicio,
cuando el poema era una calle en desarrollo,
el niño sembraba heridas al borde de sus juegos
para luego cosechar versos sueltos
que alimentaran la casa donde cada día
se apagaban sus padres que, sin saberlo,
también eran poesía atrapada en piedra,
igual que el vecindario
que esculpía con sus amigos de goles y bicicletas,
mientras rompía los tejidos endebles de la
        inocencia
y cerraba los estantes de juguetes que caían en
        pedazos
fulminados por un dios que mudaba de voz y de
        universo,
transmutable bestia de soledad,
que asomaba como un silencio de aviones lejanos,
prolongando una huella encima de su cabeza.

Ahora,
el niño es un náufrago llagado por la lluvia
que le teme a los cuadernos que carga
-¿o lo cargan?-
desconfía de sus líneas imperfectas
de sus tramposas hojas en blanco

afiladas como guillotinas del miedo
que empañan de dudas
la ventana que mira a esa calle
que es un poema en construcción.

POR LA VENTANA SE VE EL MUNDO GIRAR

Volveré tantas veces,
incluso las que no sean necesarias
porque al abrir las cortinas todo sigue intacto,
y hasta escucho la voz de los ausentes,
el eco de las llagas y el crujir de los caminos
      culminados.

Las casas disfrazadas
parecen no ser las mismas
pero sus ojos desnudos
no pueden engañarme

Aquí todos nos matamos
y todos hemos resucitado
Aquí todos ardimos
y todos supimos apagarnos

Y por las noches,
el niño en cautiverio
envejece pegado a la ventana de la memoria,
con la certeza de que siempre es tarde
para ver girar el mundo de bicicletas,
de los hijos de aquellos que saben
que siempre será temprano.

No le crean a la lluvia

¡Qué pasadizo tan mentiroso es la lluvia!
empapa la memoria de escenas a las que no
    queremos acudir,
como este patio donde veo a un niño
que lo rompe todo a punta de balones
    desgastados.
Su padre lo mira en silencio.
Mañana lavará la pared a la que ya no le cabe una
    marca más,
levantará las plantas dañadas y las protegerá
    mejor,
reemplazará los vidrios del cuarto y les colocará
    verjas.
Más tarde jugará con su hijo y juntos tomarán una
taza de café.
Verán las fábulas de la televisión y escucharán la
lluvia nocturna
y así habrán acabado un día que después no
    recordarán.
Yo que los veo les grito con súplica
¡no le crean a la lluvia!
Es mentirosa y despiadada,
Pero padre e hijo solo atienden esa voz confusa
    que es la lluvia.
Y se dejan seducir por sus canciones de cuna
y se van a dormir arropados por sus mentiras.

Un silencio de versos y lecturas

Despertarán temprano.
Antes de que abran los cuadernos
donde duerme el poema.
Ojalá hoy no hubiera escuela,
que llamara el jefe a suspender el trabajo
que la lluvia evaporara en poesía
y cayera en granizos sobre el patio
donde otra vez padre e hijo
llenan la pared de balonazos.
Pero no.
Dentro de poco el hijo
se atará a un viejo pupitre
y olvidará al padre
que para entonces estará
pensando en el pago de la quincena,
en el balón nuevo que comprará
porque el de su hijo ya no da para más.

Hoy el patio es un silencio de versos y lecturas.
El padre no puede concentrase en la oficina
y desvanece asomado a estaciones etéreas
que el hijo apenas aprende a construir.

Estación del asombro

> *La infancia se ha perdido.*
> *La juventud se ha perdido.*
> *Pero la vida aún no se ha perdido.*
>
> Carlos Drummond de Andrade

El niño es un diestro creador de estaciones
a las que luego regresará para encontrarse solo.
Volverá al viejo autobús
una y otra vez.
Recorrerá patios ajenos
y dejará salas en desorden.
Asomará por la ventana y lo verá todo:
el mar, las sombras de la selva, los grandes
       edificios,
los dioses inventados,
esos seres de los que nadie le habló,
hechos con barro del que no fue moldeado,
dioses que pronto los olvidará
y arrojará al camino
para que otros los descubran.

El niño es un perpetuo viajero sin temor al viento,
capaz de inundarlo todo
y a la vez ese todo poder salvarlo.

Desde el amplio pasillo que resguarda mis horas
veo su imagen como un vaho que agoniza
en el hoy ruinoso escenario
donde ya nada florece
cuando alzo la mirada.

Lo recorro como ya tantas veces anduve
y me tumbo en los asientos finales de la memoria
anclado en la estación del asombro.

RUIDO DE ORACIONES ANTIGUAS

Desde los asientos finales de esta confusa estación
se puede escuchar el rechinar de la puerta de la
    casa,
el crujir de la poesía en los viejos tablones del piso
y la eufórica espera del niño que escribe un abrazo
en la angustia del padre que vuelve acabado del
    trabajo,
y en la paciencia del abuelo de sombrero
que siempre trae dulces en los bolsillos.

Se escucha todo desde la estación.
Se escucha la lluvia que sigue mintiendo.
El llanto disimulado de la madre
y hasta el eco de antiguas oraciones,
tan antiguas
que hasta el mismo Dios
las ha olvidado.

ADVERTENCIA

El niño escucha el murmullo embustero de la
      lluvia
que espera por él a las afueras de la escuela.
Pronto se deslizarán juntos por los surcos de la
      poesía,
los atajos favoritos de la lluvia para regresar
a una mesa de historias frescas y panes calientes
donde el niño escuchará sus líquidas promesas:

que la casa será grande y segura
-siempre-
que no se morirá el perro que duerme en el
      corredor
-nunca-
que nadie se irá jamás
-nadie-
que el café estará caliente
-siempre-

Desde el diminuto recinto
donde no habita un perro,
ni aparece la madre por las tardes
con repostería fresca
para compartir
este frío café,

le advierto al niño:
La lluvia erosiona
las esquinas del alma.

EL NIÑO-TÍTERE

El niño es un títere atrapado en una función
    desolada,
un ermitaño refugiado en una estación que
    inventó.
Para sobrevivir, gasta el tiempo haciendo grafitis:
cosas simples que nadie leerá, farsantes aguaceros
para humedecer sus manos
y sus miedos.
Ni pasajeros ni autobuses
Ni voces que anuncien nuevas rutas.
Este es un valle sin guillotinas
donde el niño-títere está a salvo,
tan oculto como un cuaderno
que no logra abrir sus páginas.

DE LA JUSTICIA Y LA POESÍA

*Poesía que me permite salir de mí y tener la
experiencia de otra experiencia.*

JOSÉ EMILIO PACHECO.

No se hacían versos en aquella bodega
    abandonada
Los niños nunca hablábamos de poesía
Nuestros padres jamás recitaban poesía.
En la escuela no entendían de poesía.

Por eso terminamos convirtiendo las viejas
cortinas en capas
y creyéndonos dioses de trajes ajustados.

En lugar de decir cosas como
"Poesía que me permite salir de mí"
Decíamos
"¡a luchar contra los villanos!"

Y ahí iba yo:
tela roja en la espalda, botas de hule y un colocho
ensalivado en la frente.

Mi pasión era volar sobre un vecindario
    transmutable
y volver triunfante al salón de la justicia
donde el viejo comedor de la casa
servía de mesa para reuniones que salvarían
    al barrio.

Como decía:
no hacíamos versos,
pero aquel salón sí que era la poesía.
Nos permitía ser otros.

PASOS DE BAILE

La lluvia trajo compañía.
Una que bailaba por los pasillos de la casa triste.
Que le gustaba el llanto ajeno y las cartas de
 despedida.
El niño le huía con Los Cadillacs a todo volumen
y las canciones que ella nunca cantaría,
pero sus intentos de fuga fracasaban
y siempre volvía al confuso tablado
que se elevaba con su presencia.
Bailaba en el jardín y rompía las hojas secas
que desprendía su madre.
Bailaba y bailaba
con la fuerza de un árbol que ofrece frescura
pero que acabará abrigando cadáveres.
Ya no había más que hacer
-decían los entendidos-
nada.
Y mientras ella bailaba
los ojos de la casa
oscurecían.

Un día no se escuchó más
y el niño volvió a la calle
donde todos juegan a esperar
la melodía del baile final.

LA CATARATA

No queríamos secarnos como hojas olvidadas
ni morir en remolinos disfrazados de remansos.
Solo buscábamos imitar aquel rugido
que abría paso entre la arboleda milenaria.

Cada fin de semana regresábamos
a recuperar el caudal que movía la infancia,
como si así pudiéramos inundar
los áridos caminos que apenas asomaban.

Volver a su vientre espumoso
y abrazar el eterno fluir de su caída
nos recuerda que vivimos.

EL IDIOMA DE LOS CANGREJOS

Su mundo es una fila de montículos de arena:
castillos, volcancitos, figuras de animales.
Muchas gentes que pasan
Quieren ser olas y arrasarlo todo.
El niño
que gasta el tiempo ocultándose
de las furias del mar
y del llanto de los barcos,
no conoce la poca memoria de la arena,
ni entiende el idioma de los cangrejos
ni sus sigilosas visitas que anuncian
que el sitio donde levanta sus montículos
es también el de su propio funeral.

Uno con la lluvia

Hace días estalló el último balón,
una explosión que ensanchó el mundo
de un niño que ahora sueña fundirse con la lluvia.
Solo empapado entenderá
que nada podría abrigarlo
como la taza de chocolate
que su madre recién le preparó.
La lluvia tiene prisa
y acelera la despedida.
A madre y padre
les queda el lodo
que dejó su presencia.
El niño ha crecido.
El niño es uno con la lluvia,
y dice adiós
convertido en aguacero.

BANDADAS IMAGINARIAS

Nunca dejó de ver esas bandadas imaginarias
que anidaban en su cabeza de niño.
Ahora es su hija que aprende a mirarlas:
Corre por toda la sala,
explora los rincones de la casa,
pide una tostada con jalea
para alimentar el vuelo.
Ahí está pegada a la ventana del mundo,
soñando lo que el niño ya soñó.
Y entonces queda claro
que en nuevos seres
somos historia que se repite.

Fotografía en la pared

Ella llevaba una mochila con su nombre bordado
y un sombrerito de vaquero que contrastaba
con la gorra verde olivo de los años del niño
    revolución.
No bastó ir lejos de casa
para escuchar el tamborileo en los árboles de la
    tarde
y cubrirse de aquel abril blanco y perfumado
de un cafetal que empezaba a oler a versos y
    despedidas.
De ese día
conservan un instante impreso,
una pared que separa los tiempos
y las heridas abiertas de la memoria.

IMAGEN EN LA PLAYA

Hazme un castillo, papá
y una muralla que lo proteja,
por favor,
porque las olas van y vienen
a oscuras,
a pleno sol,
y lo van borrando todo:
nombres y huellas,
risas y amor.
Todo lo borran.
Y en su lento vaivén
dejan angustias que flotan
y playas vacías en la mirada.

Ausencia

Un día ya no estás en casa,
no desayunas más con tu hija
ni la despides en el portón
cuando asoma la buseta escolar.
Es posible que después del trabajo
llegues a un segundo piso
en busca de abrazos que sepan a café,
pero solo te recibe una torre de libros
por donde intentas desaparecer.
Avanzas en tu fuga,
besas las nubes,
miras los ojos de Dios
y terminas confundiéndote
entre las sombras que te guían
por los escalones resbaladizos de la duda,
donde ahora desciendes como un ladrillo
que se arranca de las paredes del temor,
y entonces quieres entenderlo todo
mas aparece esa bestia indescifrable
que es la ausencia,
cava sigilosa una herida
y te habita.

NIETZSCHENIANO

Dijo Nietzsche:
"¡No seamos cobardes con nuestros actos,
Ni los rechacemos después de realizados!"
Es setiembre
y en medio del lenguaje de los meses nublados
sumo un bloque más al muro de los años.
Son días de autoexilio
y acumulo libros que leo en desorden,
Como - dicen - está mi cabeza.
Hoy me dio por Nietzsche
usado, amarillento, barato.
Como -digo - me veo en estos días.
Es cierto, Cartago es frío,
llueve, hay bruma.
Y con todo eso uno se va sintiendo solo.
Pero, como también dijo Nietzshe:
"Hay que tener la necesidad de ser fuerte;
de lo contrario,
nunca llegaremos a serlo".

CLASES DE NATACIÓN

Rompe el miedo a brazadas,
domestica las profundidades del silencio,
elude las redes que ocultan las miradas.
Sigue. Contra corriente si es necesario.
Ahógate tantas veces como yo
y como yo, aprende a dividir el agua.
Lánzale barquitos de papel
a las marejadas del alma.
Hija mía,
no dejes de nadar,
que no hay goce mejor
que llegar a la otra orilla
donde nadie te esperaba.

HORMIGAS EN LA PARED

Algunas veces
la pequeña casa alarga las rutas entre una
········habitación y otra,
se llena de forasteros que deambulan por los
········monumentos de la sala,
se transforma en una ciudad de muebles que
········rascan el cielorraso,
y de pronto te ves en medio de ese insoportable
········tránsito
de hormigas en la pared.
Aquí ya no hay salvación para el día:
somos un punto más moviéndonos por inercia,
fluyendo en líneas disparejas
hasta llegar a una alacena que tiene hambre en los
········estantes,
y gruñe como una manada de sueños enjaulados.

Es enorme la casa cuando el café que recién
········preparo
baja en forma de cascada y golpea la soledad de
········una mesa
astillada por la memoria.

Un espacio para regresar

Siempre habrá una ruta de regreso a casa
aunque todos sean ausencia,
aunque nadie sepa ya tu nombre
y aquella que fuera tu habitación de niño
sea ahora un depósito de escombros
alfombrada por el tiempo.

Siempre habrá un espacio para regresar
y jugar a trazar caminos
en los inocentes cuadernos
que aguantan cualquier desvarío.

Duerme en tu nueva cama.
Al despertar,
ya habré regresado.

LA CASA

Mi casa no es solo una casa. A los seis años
me acerqué a la pared y la escuché respirar.
De su piso crecen lianas
que desordenan los cuadros de la sala.
En la cocina nace un río de dócil marcha que da al patio,
aunque hay días en que se enfurece y nos arroja a la calle.
Luce un amplio corredor con un par de viejas mecedoras
que mi padre y mi madre acumularon en el olvido.
Recuerdo cuando instalaron esas lámparas de colgar:
ahora son arácnidas ciudades que en ocasiones recorro.

En algún rincón hay una banda desafinada de bichitos
que con frecuencia les escucho ensayar.
Un bar de murciélagos en el cielorraso
no deja dormir los fines de semana.
Mis padres tampoco dormían cuando yo era amigo de esos alados,
siempre en busca de insectos y de néctares de otros patios.
La casa también se desvelaba.

No es una casa como todas
porque tenga cuartos de camas suaves,
un viejo televisor y papeles que cuelgan sin prisa
como deudas ancestrales que alguien pagará
        a fin de mes.

Un octubre, en los que andaba desempleado,
me encargaron pintarla.
La escuché reírse con cada brochazo que le daba.

Ha crecido, claro.
Es ley de vida: nacer, crecer, remodelar, heredar,
        demoler.
Cuando por muchos días me ausento, me escribe,
Me dice que me extraña y me da las quejas de los
        vecinos.

Siempre está pendiente de mi regreso:
        apenas ve que me acerco
abre las cortinas y el mundo es zaguán de luz.
Feliz rechina y con un giro de puerta me invita a
        entrar.
El río está calmo. Me quito los zapatos y sumerjo
        los pies.

Lo bichitos cada vez tocan mejor.
Creo que llegarán lejos si persisten.
Se hace tarde en las ventanas.

Es ahora cuando cierro los ojos y escucho a la casa que reza por mí.
Me lee un cuento, me sana calles, me inventa puntos de partida.
Porque esta casa, que no es solo una casa, también hace milagros.

II

COSECHA DE LUCIÉRNAGAS

Una puerta abierta bajo la lluvia es una cuerda lanzada al abismo. Podemos entrar y refugiarnos en lo incierto o ahogarnos en los asientos relamidos por la tormenta. Avanzo por los pasillos y llego hasta el final, donde nadie se atreve a sentarse, ahí donde la lluvia ha dejado su marca y ha guardado para mí un lugar. Amiga lluvia que me engañas tantas veces, abrázame y transfórmame en un viajero líquido capaz de entender el lenguaje de tu continua presencia.

DE LLUVIAS Y DE GATOS

> *La mojada tarde me trae la voz, la voz deseada,*
> *de mi padre que vuelve y que no ha muerto*
>
> JORGE LUIS BORGES

El gato de la casa ama ver la lluvia.
Asoma su silencio por la ventana
o desde el reposo de una baranda
contempla las gotas que caen.

Como un aguacero de misterios
lanza sus ronroneos al oído
abierto de la casa,
que entiende esas conversaciones
de lluvias y de gatos.

Me acurruco en su charla
y entonces retumba esa voz
y surge esa mirada que es idéntica a la mía
y junto al gato
me pierdo en los charcos del tiempo
y asumo tu regreso.

SENDERO PARA UN ROSTRO

Hice un sendero para guiar tu llegada
un sendero o una herida en la memoria.
Y al terminar
descansé entre los árboles que sembramos
a esperar una cosecha de luciérnagas
que trajera tu rostro.

ES TODAVIA DOLOR

No es fácil amontonar los días secos,
prenderle fuego a las heridas que vagan
como hojas sueltas dibujándonos el final.
Tener las manos envueltas en el ardor
de las respuestas que no encontramos,
agrietarse el pecho mientras leemos a Lord Byron:
"El recuerdo del dolor es todavía dolor"
No es fácil convertirte en el poema,
tu muerte es todavía nuestra muerte.

ANIVERSARIO DE BODAS

Los tambores de independencia despiertan la
 tristeza de la partida,
van ahí desfilando por la memoria, como cantos
 perversos
de un ave ingrata que aguarda a la orilla de la vida
para picotearnos el alma.
No es la marcha de Mendelssohn que sonó cuatro
 décadas atrás
ni "El sueño de una noche de verano" en pleno
 15 de setiembre.
Es más bien un funeral alojado en mis oídos
 anchos
donde cabe el lamento prolongado de los
 aposentos vacíos
y el crujido de las puertas que quedaron sin cerrar
porque algún día teníamos que entrar llenos de
 dolor
y enfrentarnos los unos a los otros en este vuelo
 absurdo en el que andamos,
en este viaje de seres efímeros chocando entre sí
 hasta desaparecer.
¿Qué hacemos con esta herencia de días tristes
que nos repartimos todos por igual?
Siempre habrá un silencio hondo en la mirada
donde se ahogarán las respuestas que buscamos.

Siempre habrá un tumulto de tambores y
 banderas de la patria
con su canción de despedida,
y un aniversario de bodas en el calendario de la
 muerte.

RAREZAS

Nos iremos
donde nadie sabe
con el consuelo
de que no nos vamos solos.
Con nuestros huesos
se va también un mundo
oculto y frágil
que nunca tuvo forma de palabra.
Algunas rarezas
nunca las podremos explicar.
son hijas del vacío que arde,
de las calles donde uno se ve ajeno,
de las manadas que nos convierten
en la eterna necesidad de amar la fuga.

REUNIÓN NOCTURNA

En la sala hay abuelos de piedra,
madres de llanto, hijos de perplejidad,
un desánimo de hermanos y nietos,
amigos liberándole al silencio las jaurías del dolor,
gente imaginándose a sí mismos
pensado en qué ropas llevarán
o si les maquillarán el rostro
cuando sean ellos los que convoquen a la reunión.
En la cocina preparan los platillos del adiós.
Unos llevan pan para que otros engorden sus
         lamentos
Alguien alista café para evitar que duerma la
         tristeza.
Reunidos todos en las fauces de esta salvaje casa
a la espera de ver clarear el día
largarse de ahí para siempre,
moverse de nuevo en los zaguanes del alma.

PEATÓN DE TEMPESTAD

Vuelvo a la tormenta
como un peatón de tempestad
que le huye a los paraguas
y a los abrigos que llevan mi nombre.
Vago entre las calles enterradas
y me dejo alcanzar por una lanza de fuego
que antes de matarme
debo traducir y propagar
como un pan que alimenta los días
esparcidos en la memoria.

Confesión

No existo en este viaje.
Me ven desde el pasillo
Me ven desde la ventana
Saben cuándo subo y cuando bajo
Pero no existo.
Como no existe el que va a mi lado
Ni el que recién abordó.
Ni la mujer bonita que se pinta los labios,
Ni el flaco que compró el periódico
solo por la foto de la chica de contraportada.
Nadie existe.
Nadie
Pero anoche algunos si lo hicimos.
Y tuvimos en las manos filas de asientos
      ocupados.
Y hoy, de vuelta a casa, otros existirán.
Pero ahora,
En este instante,
Y hasta nuevo aviso,
no existo en este viaje.

CON LA PUERTA AL LADO

Permaneceré al lado de la puerta, siempre.
Por si preguntan. Aquí estaré.
Veré crecer mis enredaderas al lado de la puerta.
Y al lado de la puerta construiré mis piezas.
Tomaré el café escuchando picaportes.
Amaré sudando en mi cama de candados.
Leeré los libros sacudiendo mis llaves.
Llegarán troncos viejos y los haré mi puerta.
Abrirá, algún día. Con esta mano o con una ajena.
Aunque pronto me convierta en una masa de
        nada,
aun así, estaré al lado de la puerta.

EL PATIO

El patio siempre fue un lugar seguro,
pero tenía puertas que se abrían
y daban a la calle
y en la calle había puertas abiertas
que daban a la lluvia,
y en la lluvia cortinas tan difusas
que escondían los naufragios.

EL MENOS TRANSITADO

> *Two roads diverged in a wood, and I—*
> *I took the one less traveled by,*
> *And that has made all the difference.*
>
> ROBERT FROST

Elegí el camino menos transitado
El que no me mostraron mis padres
El de las páginas rotas de los libros
con los que no me dormían por las noches.
Elegí el camino menos transitado
El que se agrieta cada quincena
el que no tiene horas de entrada ni de salida
el que te obliga a sentarte
en una ajena estación
a contemplar la diaria escena
de los que suben y bajan
de ese autobús
que no quise abordar.

LECTURA

A mitad de la lectura
la trama es una enmarañada estación
que empalidece lo apasionante de la historia.
Por eso regreso a las primeras páginas
donde hay niños correteando
en plazoletas sencillas.
y madres que por las noches
bendicen el sueño con sus arrullos.
Así eludo la única verdad:
Que existe un final
y una biblioteca que aguarda
para convertir en polvo
hasta lo más grandioso
de lo acontecido.

CUMULOSERES

Soy tantos seres
Inconclusos seres
que no se reconocen
que se dan de golpes
que callan y que gritan
que aman los caminos y los refugios
que despiertan y ya ha muerto el día
que se ayudan y se odian.
Tantos seres
que ahora mismo ya no soy el que escribo
sobre seres que me habitan
y, nuevamente,
lo dejo todo para encontrar
entre el gentío y la lluvia
ese que dicen soy yo.
Entonces regreso
y acumulo.

Reencuentro

Es cuestión de sacudirse hasta ser partícula
y barrerse.
Batirse a muerte
en el mutismo de una esquina
Acabar con todos. Hasta el cansancio.
No dejar uno solo. Pisar sus cadáveres.
Amontonarlos.

Será como abrir una ventana,
correr una cortina,
despegar los párpados,
nutrir el zacate.
Reencontrarse.

III

TEMPORAL LUMINOSO

Seremos lluvia hasta el final. Necios peatones en las calles lastimadas del pasado, observadores de vitrinas antiguas, soportando la tempestad. Tantas veces recorreremos las heridas donde nacemos. Y luego de tanto temporal, lo borraremos todo y partiremos.

COSA DE TONTOS

Buscaba algo para olvidar:
Una guitarra
Un libro
Una hoja en blanco
Una canción que no hablara de
abordar autobuses estacionados.
Pero todo esfuerzo era inútil
Siempre estabas en los asientos primeros
invitando a subir
y yo de tonto
corriendo a recibir
los portazos en la cara.

LLUVIA Y CABELLO

Algunas noches
busco un paraguas
para escapar de tu cabello,
pero no hay salvación
ante ese temporal
que inunda la casa
de fragancias
y ficciones.

GÉNESIS

Quemé la calle
La casa vieja
El autobús estacionado en mis manos.
Los labios secos de la decepción.

Quemé las cartas que nunca entregué
El árbol de guayaba que me alimentó
(Y luego me rompió la cabeza)
Los perros que me persiguieron
Las salas donde anduve solo.

Lo quemé todo
y entre las ruinas humeantes
y la confusión de la muerte
nació la poesía.

CALLE

La calle es una serpiente muerta
que se pudre bajo el calor del autobús.
Una imperfecta línea saciada de murallas
donde suelen estrellarse los viajeros.

RENACER

Eran los tiempos de los primeros cafés
Crimen y Castigo fue tema de conversación
y *Canción para mi Muerte* nos estremecía.
La mesa era pequeña y en ocasiones
Sin advertirlo
chocábamos los zapatos.
El pan de canela y las galletas
eran estaciones silenciosas
donde paseaban sus ojos grandes
anunciando el renacer.

EL CINE

Fuimos al cine
Y de pronto la gente empezó a apagarse.
A morirse los protagonistas.
A acabarse las palomitas.
A ensancharse las butacas.

Entonces
Nos tomamos de la mano
Corrimos hacia la pantalla
Y salvamos la noche.

POESÍA INVERNAL

A ella no le gusta mi poesía invernal.
Se le parece a un precipicio al final de mis
    abrazos.
Dice que leerme es verse entre los peces que
    se atascan en la arena.
Y me confunde con un inmutable barco que
    se convierte en lejanía.

Yo le digo que esas letras son herencia de
    marejadas,
llagas de batallas donde construí mis muros,
cercos de navaja que aprendí a saltar.

Pero ella no quiere tempestad en mis palabras
porque asume que son despedidas inconclusas,
muelles carcomidos adheridos a mis zapatos,
piezas herrumbradas que detienen los relojes.

Ella prefiere seguir conejos en las praderas,
con puñitos de tierra moldear aldeas,
colorearlo todo con sus dedos de pincel
y tenderse como una hoja perezosa
sin la prisa de los vendavales con que se mueve
la poesía invernal.

Ella se queda con la poesía de sol.
con la de cielos celestes
y mañanas calurosas.

Para mi suerte
el invierno es una estación inevitable.

LA SILLA

> *Break another little piece of my heart.*
>
> JANIS JOPLIN

Una silla destrozada espera compañía
en el universo solitario de una habitación.
Como esa gente que pierde la cabeza,
la silla se rompió.
Quizá fue culpa de Janis que nos ofrecía trozos de
    su corazón,
mientras bailaba bajo la lluvia destilada de la caña.
O talvez por el engreído de Charly que flotaba a
    gusto por la sala,
y rasguñaba las piedras y atravesaba las murallas.

Las sillas son como esa gente moderada
que huyen de las noches largas
para evitar historias con finales fracturados.
Por eso cuando empieza a oscurecer,
las sillas prefieren esconderse bajo una mesa
o apilarse en torres donde estén a salvo,
lejos de seres inquietos que de madrugada
abusan de su fragilidad.

Arrinconada, sin uso,
presa de su blandura,

la silla espera compañía en el universo despoblado
de la habitación,
desde donde algunas noches un crujido ajeno
aviva sus ansias de resucitar
al lado de otra silla destrozada.

Cautivo

Lo agobian las remodelaciones de su casa
las llantas desgastadas de su auto
los tantos impuestos a pagar
las rosas que sembró y devoraron las hormigas
el dinero que falta para pagar ese teléfono
con el que trata de captar a un pájaro
que le habla con música a la lluvia
en la rama de un árbol
del que ni siquiera es dueño
pero que es tan suyo
y no se lo adeuda al mundo

DISTRACCIONES MODERNAS
(AL SON DE UN REGUETÓN)

Desde el balcón
escucho una conversación de árboles
veo aves con pinceles
nubes cambiando el rostro cada 10 segundos
y una ardilla que mordisquea la mañana.

Enciendo el computador
garabateo en una vieja libreta
doy sorbos a un café negro

Si por la víspera se saca el día
hoy brotará el gran poema

Mas cuando nacía el primer verso
y tomaba fuerza la voz que dicta
e imaginaba los concurridos recitales
y el olor de los libros impresos,
y la cara de los críticos
al decir: ¡por fin el poema!
justo en ese momento
el vecino enciende la radio
desmorona el balcón
tala los árboles hablantes
atemoriza a los pájaros pintores
borra las nubes transformistas

envenena la mañana que comía la ardilla
cierra de golpe el computador
rompe la vieja libreta
derrama el café negro
y ahora, sin pensarlo,
asumiendo la derrota
me retiro
al son de un reguetón.

CARTAGO

Regreso a la brumosa plazoleta
donde fui una paloma del miedo
aleteando entre el inédito tumulto,
que es un paisaje parecido a la derrota.
Al pequeño apartamento
que escondió mi llanto mudo
mis fúnebres huidas
mi resurrección.
A la efímera casita
en las graderías del sol
que despertaba la palabra
como un amanecer de lúcidos caminos
A la librería de viejo
del amigo poeta
que lanza al mundo la nostálgica mirada
de los libros que no vendió.
Regreso a Cartago
como un viajero que busca
en las calles del pasado
el silencio de los días.

Fantasmagórico

Los fantasmas no existen
solo son las caras siempre jóvenes
de las mujeres que una vez amamos
moviéndose como sombras
en los pasillos de las iglesias
a las que nunca más volvimos.
No hay ecos espeluznantes
filtrándose entre los árboles secos
ni gatos negros arqueando el lomo
en los tejados invadidos por el musgo
Solo existen voces repetidas
en el archivo de las promesas
y gatos blanquísimos restregándose
en la tinta derramada por la poesía.
Los pueblos fantasmas son irreales
Solo son verdaderas las calles polvorientas
donde juegan a esperar
los hijos de los ausentes.
No hay lloronas
ni cadejos
Ni seguas
ni curas sin cabeza
siguiéndonos camino a casa
en las noches turbulentas.

Lo que sí nos sigue es el silencio
que guardamos por siempre
como un ancho boceto
donde nos esparcimos
como versos solitarios.
Eso sí es una casa de sustos
llena de infinitas puertas
y ocultas salidas.

COME AWAY WITH ME, **POR EJEMPLO**

Es cierto que una cosa lleva a la otra.
Leo un libro que habla de Norah Jones
De inmediato dejo la lectura y busco su voz
que cae como un temporal luminoso en mi
        cabeza.
Y aunque no pensaba llorar una canción puede
        llevar al llanto.
Come away with me, por ejemplo.
Muchos me aconsejan vivir en el presente
pero el llanto nos lleva a tiempos idos.
Y es así como ya no estoy en el sillón de la casa
Y en lugar de libros hay imágenes que se estrellan
en las débiles paredes de mi oculta escritura,
que tantas veces arrugo y lanzo a la basura
como un arte de arrancarse a pedazos el cuerpo
y dar paso al origen de otra vida, de otra palabra.
Del aislamiento. Del silencio que sana.
Luego regresaré al libro que habla de Nora Jones,
y a la búsqueda de su voz
y de nuevo a la canción
que más parece un llamado
al llanto
o a la poesía.

CUESTIÓN DE FE

La fe es ese hombre
que entra de rodillas al templo,
con su cara de dolor
y su mirada fija en lo alto.
Pero también soy yo
que lo ve sufrir
y escribo
esperando que algún día
alguien abra un libro
que incluya este acontecimiento.

Acerca del autor

Carlos Gustavo Vargas (Turrialba, 1981). Poeta, periodista y emprendedor turístico. Ha laborado en diferentes medios de comunicación escritos y radiofónicos, desde donde difunde temas culturales. En el 2015 y 2016 fue miembro del taller literario Nuevo Paradigma, de Turrialba Literaria, impartido por el poeta Juan Carlos Olivas. Ha participado en diferentes festivales de poesía organizados por Turrialba Literaria. *Peatón de tempestad* (Nueva York Poetry Press, 2023) es su primer poemario.

ÍNDICE

Peatón de tempestad

I

Uno con la lluvia · 17

La calle, un poema en construcción · 19
Por la ventana se ve el mundo girar · 21
No le crean a la lluvia · 22
Un silencio de versos y lecturas · 23
Estación del asombro · 24
Ruido de oraciones antiguas · 26
Advertencia · 27
El niño-títere · 29
De la justicia y la poesía · 30
Pasos de baile · 32
La catarata · 33
El idioma de los cangrejos · 34
Uno con la lluvia · 35
Bandadas imaginarias · 36
Fotografía en la pared · 37
Imagen en la playa · 38
Ausencia · 39
Nietzscheniano · 40
Clases de natación · 41
Hormigas en la pared · 42
Un espacio para regresar · 43
La casa · 44

II

Cosecha de luciérnagas · 49

De lluvias y de gatos · 51
Sendero para un rostro · 52
Es todavía dolor · 53
Aniversario de bodas · 54
Rarezas · 56
Reunión nocturna · 57
Peatón de tempestad · 58
Confesión · 59
Con la puerta al lado · 60
El patio · 61
El menos transitado · 62
Lectura · 63
Cumuloseres · 64
Reencuentro · 65

III

Temporal luminoso · 69

Cosa de tontos · 71
Lluvia y cabello · 72
Génesis · 73
Calle · 74
Renacer · 75
El cine · 76
Poesía invernal · 77
La silla · 79
Cautivo · 81
Distracciones modernas
(Al son de un reguetón) · 82
Cartago · 84
Fantasmagórico · 85
Come Away With Me, por ejemplo · 87
Cuestión de fe · 88

Acerca del autor · 93

FIRE'S JOURNEY
TRÁNSITO DE FUEGO
Central American and Mexican Poetry Collection
Homage to Eunice Odio (Costa Rica)

1
41 meses en pausa
Rebeca Bolaños Cubillo (Costa Rica)

2
La infancia es una película de culto
Dennis Ávila (Honduras)

3
Luces
Marianela Tortós Albán (Costa Rica)

4
La voz que duerme entre las piedras
Luis Esteban Rodríguez Romero (Costa Rica)

5
Solo
César Angulo Navarro (Costa Rica)

6
Échele miel
Cristopher Montero Corrales (Costa Rica)

7
*La quinta esquina del cuadrilátero**
Paola Valverde (Costa Rica)

8
Profecía de los trenes y los almendros muertos
Marco Aguilar (Costa Rica)

9
El diablo vuelve a casa
Randall Roque (Costa Rica)

10
Intimidades / Intimacies
Odeth Osorio Orduña (Mexico)

11
Sinfonía del ayer
Carlos Enrique Rivera Chacón (Costa Rica)

12
Tiro de gracia / Coup de Grace
Ulises Córdova (Mexico)

13
Al olvido llama el puerto
Arnoldo Quirós Salazar (Costa Rica)

14
Vuelo unitario
Carlos Vázquez Segura (Mexico)

15
Helechos en los poros
Carolina Campos (Costa Rica)

16
Cuando llueve sobre el hormiguero
Alelí Prada (Costa Rica)

17
Regresan los pájaros
Carlos Enrique Rivera Chacón (Costa Rica)

18
Oscura sal
Ulber Sánchez Ascencio (Mexico)

19
Temporada de malas lenguas
Manuel Campos Umaña (Costa Rica)

20
Los trazos del viento
Clarita Solano (Costa Rica)

POETRY
COLLECTIONS

ADJOINING WALL
PARED CONTIGUA
Spaniard Poetry
Homage to María Victoria Atencia (Spain)

BARRACKS
CUARTEL
Poetry Awards
Homage to Clemencia Tariffa (Colombia)

CROSSING WATERS
CRUZANDO EL AGUA
Poetry in Translation (English to Spanish)
Homage to Sylvia Plath (United States)

DREAM EVE
VÍSPERA DEL SUEÑO
Hispanic American Poetry in USA
Homage to Aida Cartagena Portalatín (Dominican Republic)

FIRE'S JOURNEY
TRÁNSITO DE FUEGO
Central American and Mexican Poetry
Homage to Eunice Odio (Costa Rica)

INTO MY GARDEN
English Poetry
Homage to Emily Dickinson (United States)

I Survive
Sobrevivo
Social Poetry
Homage to Claribel Alegría (Nicaragua)

Lips on Fire
Labios en llamas
Opera Prima
Homage to Lydia Dávila (Ecuador)

Live Fire
Vivo fuego
Essential Ibero American Poetry
Homage to Concha Urquiza (Mexico)

Feverish Memory
Memoria de la fiebre
Feminist Poetry
Homage to Carilda Oliver Labra (Cuba)

Reverse Kingdom
Reino del revés
Children's Poetry
Homage to María Elena Walsh (Argentina)

Stone of Madness
Piedra de la locura
Personal Anthologies
Homage to Julia de Burgos (Argentina)

Twenty Furrows
Veinte surcos
Collective Works
Homage to Julia de Burgos (Puerto Rico)

VOICES PROJECT
PROYECTO VOCES
María Farazdel (Palitachi) (Dominican Republic)

WILD MUSEUM
MUSEO SALVAJE
Latino American Poetry
Homage to Olga Orozco (Argentina)

OTHER COLLECTIONS

Fiction
INCENDIARY
INCENDIARIO
Homage to Beatriz Guido (Argentina)

Children's Fiction
KNITTING THE ROUND
TEJER LA RONDA
Homage to Gabriela Mistral (Chile)

Drama
MOVING
MUDANZA
Homage to Elena Garro (Mexico)

Essay
SOUTH
SUR
Homage to Victoria Ocampo (Argentina)

Non-Fiction/Other Discourses
BREAK-UP
DESARTICULACIONES
Homage to Sylvia Molloy (Argentina)

Para los que piensan, como Eunice Odio, que *no habrá, en estas líneas la longitud de una pupila sola,* este libro se terminó de imprimir en el mes de diciembre de 2023 en los Estados Unidos de América.

www.ingramcontent.com/pod-product-compliance
Lightning Source LLC
Chambersburg PA
CBHW030121170426
43198CB00009B/688